KB218010

大方廣佛華嚴經 寫經

19

🪷 일러두기

1. 『사경본 한글역 대방광불화엄경』은 『독송본 한문·한글역 대방광불화엄경』에 수록된 한글역을 사경하는 데 편의를 도모하기 위해 편집을 달리하여 간행한 것이다.

2. 『독송본 한문·한글역 대방광불화엄경』은 실차난타가 한역(695~699)한 80권 『대방광불화엄경』의 한문 원문과 한글역을 함께 수록한 것이다. 한문 저본은 고종 2년(1865) 월정사에서 인경한 고려대장경 『대방광불화엄경』이다.

3. 한글 번역은 동국역경원에서 발간한 한글 『대방광불화엄경』(운허)을 중심으로 하고 『신화엄경합론』(탄허)과 『대방광불화엄경 강설』(여천무비) 그리고 최근의 여타 번역본 등을 참조하였다.

4. 한글 번역은 독송과 사경을 위하여 정확성과 아울러 가독성을 고려하였다. 극존칭은 부처님과 불경계에 대해서만 사용하였다.

5. 사경본의 차례는 일러두기 → 한글역 본문 → 화엄경 목차 → 간행사이며 80권 『대방광불화엄경』의 권별 목차 순으로 독송본과 함께 간행한다. (법공양판에는 간행사 다음에 간행불사 동참자를 밝혀두었다.)

사경본 한글역

대방광불화엄경 제19권

19. 승야마천궁품

20. 야마궁중게찬품

21. 십행품 [1]

수미해주

대방광불화엄경 제19권 변상도

대방광불화엄경

제 19 권

19. 승야마천궁품

_____ 은(는)『대방광불화엄경』을
사경하는 인연공덕으로
『화엄경』이 널리 유통되고
우리 모두 다함께 보리 이루기를 발원하옵니다.

대방광불화엄경

제19권

19. 승야마천궁품

 그때에 여래의 위신력으로 시방 일체 세계의 낱낱 사천하의 남염부제와 수미산 정상에서 다 보니, 여래께서 대중모임 가운데 계시는 데, 그 모든 보살들이 다 부처님의 위신력으로 법을 연설하며 항상 부처님을 대

하고 있다고 스스로 생각하지 않는
이가 없었다.

그때에 세존께서 일체 보리수 아래
와 수미산 정상을 떠나지 아니하시
고 저 야마천궁의 보배로 장엄한 궁
전으로 향하셨다.

그때에 야마천왕이 멀리서 부처님
께서 오시는 것을 보고 곧 신력으로
그 궁전 안에 보련화장 사자좌를 변
화하여 만들었다.

백만 층으로 장엄하고 백만의 금 그물로 서로 얽었고, 백만의 꽃 휘장과 백만의 화만 휘장과 백만의 향 휘장과 백만의 보배 휘장으로 그 위를 두루 덮었다. 꽃 일산과 화만 일산과 향 일산과 보배 일산도 각각 또한 백만씩 두루 펼쳐놓았고, 백만 광명이 비쳐서 찬란하였다.

백만 야마천왕들이 공경하여 정례하고, 백만 범왕들이 환희하여 뛰놀고, 백만 보살들이 소리 높여 찬탄하였다.

백만 가지 하늘 악기가 각각 백만 가지 법 음악을 연주하여 계속해서 끊이지 아니하며, 백만 가지 꽃구름과 백만 가지 화만구름과 백만 가지 장엄구구름과 백만 가지 옷구름이 두루두루 덮었고, 백만 가지 마니구름이 광명을 비추어 찬란하였다.

백만 가지 선근으로 생긴 것이며, 백만 모든 부처님께서 보호해 지키신 것이며, 백만 가지 복덕으로 증장한 것이며, 백만 가지 깊은 마음과 백만 가지 서원으로 깨끗이 장엄한 것이며, 백만 가지 행으로 일어난 것이며, 백만 가지 법으로 건립한 것이며, 백만 가지 신통으로 변화하여 나타난 것이라, 항상 백만 가지 음성을 내어 모든 법을 나타내 보였다.

그때에 야마천왕이 사자좌를 차려 놓고서 부처님 세존을 향하여 몸을 굽히고 합장하며, 공경하고 존중하여 부처님께 말씀드렸다.

"잘 오셨습니다, 세존이시여! 잘 오셨습니다, 선서시여! 잘 오셨습니다, 여래 응공 정등각이시여! 오직 원하오니 가엾게 여기셔서 이 궁전에 머무르소서."

그때에 부처님께서 청을 받으시고 곧 보배 궁전에 오르시니 일체 시방에서도 모두 또한 이와 같았다.

그때에 천왕은 곧 과거에 부처님 처소에서 심은 선근을 스스로 기억하고 부처님의 위신력을 받들어 게송을 설하여 말씀하였다.

명칭 여래께서는

시방에 소문 자자하셔서
모든 길상 가운데
가장 높으시며
그 부처님께서 일찍이
이 마니전에 오셨으니
그러므로 이곳이
가장 길상하도다.

보왕 여래께서는
세간의 등불이셔서
모든 길상 가운데
가장 높으시며

그 부처님께서 일찍이

이 청정전에 오셨으니

그러므로 이곳이

가장 길상하도다.

희목 여래께서는

보는 것이 걸림 없으셔서

모든 길상 가운데

가장 높으시며

그 부처님께서 일찍이

이 장엄전에 오셨으니

그러므로 이곳이

가장 길상하도다.

연등 여래께서는
세간을 비추셔서
모든 길상 가운데
가장 높으시며
그 부처님께서 일찍이
이 수승전에 오셨으니
그러므로 이곳이
가장 길상하도다.

요익 여래께서는

세간을 이익케 하셔서

모든 길상 가운데

가장 높으시며

그 부처님께서 일찍이

이 무구전에 오셨으니

그러므로 이곳이

가장 길상하도다.

선각 여래께서는

스승이 없으셔서

모든 길상 가운데

가장 높으시며

그 부처님께서 일찍이
이 보향전에 오셨으니
그러므로 이곳이
가장 길상하도다.

승천 여래께서는
세상의 등불이셔서
모든 길상 가운데
가장 높으시며
그 부처님께서 일찍이
이 묘향전에 오셨으니
그러므로 이곳이

가장 길상하도다.

무거 여래께서는
눈의 중의 영웅이셔서
모든 길상 가운데
가장 높으시며
그 부처님께서 일찍이
이 보안전에 오셨으니
그러므로 이곳이
가장 길상하도다.

무승 여래께서는

온갖 덕을 구족하셔서

모든 길상 가운데

가장 높으시며

그 부처님께서 일찍이

이 선엄전에 오셨으니

그러므로 이곳이

가장 길상하도다.

고행 여래께서는

세간을 이롭게 하셔서

모든 길상 가운데

가장 높으시며

그 부처님께서 일찍이
이 보엄전에 오셨으니
그러므로 이곳이
가장 길상하도다.

이 세계 중의 야마천왕이 부처님의
위신력을 받들어 지난 옛적의 모든
부처님의 공덕을 기억하고 소리 높
여 찬탄하는 것과 같이, 시방세계의
야마천왕들도 모두 또한 이와 같이
부처님의 공덕을 찬탄하였다.

그때에 세존께서 마니장엄전에 드시어 보련화장 사자좌 위에 결가부좌하시니, 이 궁전이 홀연히 넓어져서 그 하늘 대중들의 모든 머무르는 곳과 같았으며, 시방세계에서도 모두 또한 이와 같았다.

대방광불화엄경

제 19 권

20. 야마궁중게찬품

_____ 은(는) 『대방광불화엄경』을

사경하는 인연공덕으로

『화엄경』이 널리 유통되고

우리 모두 다함께 보리 이루기를 발원하옵니다.

대방광불화엄경
제19권

20. 야마궁중게찬품

그때에 부처님의 위신력으로 시방에 각각 한 큰 보살이 있어, 낱낱이 각각 부처님 세계 미진수의 보살들과 함께 십만 부처님 세계 미진수의 국토 밖에 있는 모든 세계로부터 와서 모였다.

그 이름은 공덕림 보살과 혜림 보
살과 승림 보살과 무외림 보살과 참
괴림 보살과 정진림 보살과 역림 보
살과 행림 보살과 각림 보살과 지림
보살이었다.

이 모든 보살들이 떠나 온 세계는
이른바 친혜 세계와 당혜 세계와 보
혜 세계와 승혜 세계와 등혜 세계와
금강혜 세계와 안락혜 세계와 일혜
세계와 정혜 세계와 법혜 세계였다.

이 모든 보살들이 각각 부처님 처
소에서 청정하게 범행을 닦았으니,

이른바 상주안 부처님과 무승안 부처님과 무주안 부처님과 부동안 부처님과 천안 부처님과 해탈안 부처님과 심체안 부처님과 명상안 부처님과 최상안 부처님과 감청안 부처님이셨다.

이 모든 보살들이 부처님 처소에 이르러 부처님 발에 정례하고, 온 바 방위를 따라 각각 마니장 사자좌를 변화하여 만들고 그 자리 위에 결가부좌하였다.

이 세계 가운데 야마천상에 보살

들이 와서 모인 것처럼, 일체 세계에서도 모두 또한 이와 같았다. 그 모든 보살들과 세계와 여래의 명호도 모두 같아서 다름이 없었다.

그때에 세존께서 두 발등으로부터 백천억의 묘색 광명을 놓아 시방 일체 세계를 널리 비추시니, 야마천 궁전 가운데 부처님과 대중들이 다 나타나지 않음이 없었다.

그때에 공덕림 보살이 부처님의 위

신력을 받들어 시방을 널리 살펴보
고 게송을 설하여 말씀하였다.

　　부처님께서 큰 광명을 놓으셔서
　　시방을 널리 비추시니
　　천상과 인간의 존귀한 분을 다 친견함이
　　환히 트이어 장애가 없도다.

　　부처님께서 야마천궁에 앉으셔서
　　시방세계에 널리 두루하시니
　　이 일은 매우 기특하여
　　세간에서 희유한 바로다.

수야마 천왕이
열 부처님을 게송으로 찬탄하니
이 모임에서 보는 것과 같이
일체 처에서도 다 그러하도다.

저 모든 보살 대중들이
다 우리 이름과 같으며
시방의 일체 처에서
위없는 법을 연설하도다.

떠나 온 모든 세계의
이름도 또한 다르지 않고

각각 그 부처님 처소에서
법행을 청정하게 닦았도다.

저 모든 여래들의
명호도 모두 또한 같고
국토가 다 풍요롭고 즐거워
위신력이 모두 자재하시도다.

시방의 일체 처에서
'부처님께서 여기 계신다'고 다 이르지만
혹은 인간에 계심을 보고
혹은 천궁에 머무르심을 보도다.

여래께서는 일체 모든 국토에
널리 편안히 머무르시지만
우리는 지금 부처님께서
이 하늘 궁전에 계심을 보도다.

옛적에 보리의 원을 내셔서
시방세계에 널리 미치시니
그러므로 부처님의 위신력이
두루 충만하여 사의하기 어렵도다.

세상의 탐하는 바를 멀리 여의시고
가없는 덕을 구족하시니

그러므로 신통력을 얻으셔서
중생들이 보지 못함이 없도다.

시방세계에 노니시되
허공처럼 걸리는 바 없으시니
한 몸이 한량없는 몸이시여
그 모양을 얻을 수 없도다.

부처님 공덕은 가없으시니
어떻게 헤아려 알 수 있으리오
머무름도 없고 또한 감도 없으시나
널리 법계에 드시도다.

그때에 혜림 보살이 부처님의 위신
력을 받들어 시방을 널리 살펴보고
게송을 설하여 말씀하였다.

세간의 큰 도사이시며
때없고 위없는 존귀한 분이시여
불가사의 겁 동안
만나 뵙기 어렵도다.

부처님께서 큰 광명을 놓으시니
세간에서 보지 못함이 없고
대중을 위해 널리 연설하시어

모든 군생들을 요익케 하시도다.

여래께서 세간에 출현하셔서
세상을 위해 어리석음을 없애주시니
이와 같은 세간의 등불은
희유하여 보기 어렵도다.

보시와 지계와 인욕과
정진과 그리고 선정과
반야바라밀을 이미 닦으셔서
이로써 세간을 비추시도다.

여래께서는 더불어 같을 이가 없고
비교할 이를 구해도 얻을 수 없으니
법의 진실을 알지 못하면
능히 친견할 수 없도다.

부처님의 몸과 신통이
자재하심을 사의하기 어려우니
감도 없고 또한 옴도 없으시나
법을 설하여 중생을 제도하시도다.

만약 어떤 이가 청정한
천신과 인간의 스승을 보고 들으면

모든 나쁜 갈래에서 영원히 벗어나
일체 고통을 버리고 여의리라.

한량없고 수없는 겁 동안
보리행을 닦아 익히더라도
이 뜻을 능히 알지 못하면
성불할 수 없도다.

불가사의 겁 동안
한량없는 부처님께 공양올려도
만약 능히 이 뜻을 알면
공덕이 저보다 뛰어나리라.

한량없는 세계의 진귀한 보배를
그중에 가득 부처님께 공양올려도
이 뜻을 능히 알지 못하면
마침내 보리를 이루지 못하리라.

그때에 승림 보살이 부처님의 위신
력을 받들어 시방을 널리 살펴보고
게송을 설하여 말씀하였다.

비유하면 초여름의
구름 없는 깨끗한 허공에
밝은 태양이 광휘를 드날려

시방에 충만하지 않음이 없도다.

그 빛이 한량이 없어
헤아려 알 수 없으니
눈 있는 이도 오히려 그러한데
어찌 하물며 눈 어두운 자이리오.

모든 부처님도 또한 이와 같으셔서
공덕이 끝이 없으시니
불가사의 겁에
분별하여 알 수 없도다.

모든 법은 온 곳이 없고
또한 능히 지은 자도 없으며
좇아 난 바도 없으니
분별할 수 없도다.

일체 법이 옴이 없으니
그러므로 남이 없고
남이 없는 까닭에
멸함도 또한 얼을 수 없도다.

일체 법이 남이 없으며
또한 다시 멸함도 없으니

만약 능히 이와 같이 이해하면
이 사람은 여래를 보리라.

모든 법이 남이 없으므로
자성도 있는 것이 아니니
이와 같이 분별하여 알면
이 사람은 깊은 뜻을 통달하리라.

법이 자성이 없으므로
능히 분명하게 알지 못하니
이와 같이 법을 이해하면
구경에 이해할 것도 없으리라.

생겨남이 있다고 말하는 것은
모든 국토에 나타나기 때문이니
국토의 성품을 능히 알면
그 마음이 미혹하지 않으리라.

세간과 국토의 성품을
관찰하면 모두 실상과 같으니
만약 능히 이것을 알면
일체 이치를 잘 말하리라.

그때에 무외림 보살이 부처님의 위
신력을 받들어 시방을 널리 살펴보

고 게송을 설하여 말씀하였다.

여래의 넓고 크신 몸이
법계에 가득하시니
이 자리를 여의지 아니하시고
일체 처에 두루하시도다.

만약 이와 같은 법을 듣고
공경하며 믿고 즐겨하는 이는
영원히 삼악도의
일체 모든 고난을 여의리라.

설령 한량없고 셀 수 없는
모든 세계에 가더라도
오로지 여래의 자재하신 힘을
들으려 하도다.

이와 같은 모든 부처님 법이
위없는 보리이니
설사 잠깐만 듣고자 하여도
능히 들을 자가 없도다.

만약 어떤 이가 과거에
이와 같은 부처님 법을 믿었다면

이미 양족존을 이루어
세간의 등불이 되었느니라.

만약 어떤 이가 당래에
여래의 자재하신 힘을 듣고
듣고 나서 능히 믿음을 낸다면
그도 또한 마땅히 부처를 이루리라.

만약 어떤 이가 현재에
이 부처님 법을 능히 믿으면
또한 마땅히 정각을 이루고
법을 설함에 두려울 것이 없느니라.

한량없고 수없는 겁 동안
이 법은 만나기 매우 어려우니
만약 들은 자가 있으면
마땅히 본래의 원력임을 알지로다.

만약 어떤 이가 능히 이와 같은
모든 부처님 법을 받아 지니고
지니고 나서 널리 설하면
이 사람은 마땅히 성불하리라.

하물며 다시 부지런히 정진하여
견고한 마음 버리지 않음이리오

마땅히 알라, 이러한 사람은
결정코 보리를 이루리라.

그때에 참괴림 보살이 부처님의 위
신력을 받들어 시방을 널리 살펴보
고 게송을 설하여 말씀하였다.

만약 어떤 사람이
이 희유하고 자재한 법을 들으면
능히 환희심을 내어서
의혹의 그물을 빨리 없애리라.

일체의 알고 보는 사람이
스스로 이와 같은 말을 하되
'여래께서는 모르는 것이 없으시니
그러므로 사의하기 어렵다'고 하도다.

지혜 없는 데서는
지혜를 냄이 없으니
세간은 항상 어두운지라
그러므로 지혜를 낼 수 없도다.

색과 색 아닌 것
이 둘이 하나가 되지 않듯이

지혜와 지혜 없음도 또한 그러하여
그 체가 각각 다르도다.

모양 있음과 모양 없음과
생사와 열반이
분별하여 각각 같지 않듯이
지혜와 지혜 없음도 이와 같도다.

세계가 처음 성립함에
파괴되는 모양이 없으니
지혜와 지혜 없음도 또한 그러하여
두 모양이 일시가 아니로다.

보살의 처음 마음이
나중 마음과 함께하지 않듯이
지혜와 지혜 없음도 또한 그러하여
두 마음이 동시가 아니로다.

마치 모든 식들이
각각 화합이 없듯이
지혜와 지혜 없음도 이와 같아서
구경에 화합이 없도다.

아가타약이
능히 일체 독을 소멸하듯이

지혜 있음도 또한 이와 같아서
지혜 없음을 능히 소멸하도다.

여래께서는 위없으시며
또한 더불어 같을 자도 없어서
일체와 비교할 수 없으니
그러므로 만나기 어렵도다.

그때에 정진림 보살이 부처님의 위
신력을 받들어 시방을 널리 살펴보
고 게송을 설하여 말씀하였다.

모든 법은 차별이 없음을
능히 알 자가 없고
오직 부처님과 부처님만 아시니
지혜가 구경인 까닭이로다.

금과 금빛이
그 성품이 차별이 없듯이
법과 법 아닌 것도 또한 그러하여
체성이 다름이 없도다.

중생과 중생 아닌 것이
둘 다 진실함이 없으니

이와 같이 모든 법의 성품이
진실한 뜻이 모두 있지 않도다.

마치 미래세에
과거의 모양이 없듯이
모든 법도 또한 이와 같아서
일체 모양이 있지 않도다.

마치 생멸하는 모양이
갖가지가 다 진실하지 않듯이
모든 법도 또한 다시 그러하여
자성이 있는 바가 없도다.

열반을 취할 수 없으나
말할 때에는 두 가지가 있으니
모든 법도 또한 다시 그러하여
분별하여 다름이 있도다.

셀 바 물건에 의하여
능히 셈함이 있듯이
그 성품은 있는 바 없으니
이와 같이 법을 분명히 알도다.

마치 산수법이
하나씩 더하여 한량없음에 이르듯이

셈법은 체성이 없으나
지혜인 까닭으로 차별하도다.

마치 모든 세간이
겁화가 탈 때 마침내 다함이 있으나
허공은 손상이 없는 것처럼
부처님 지혜도 또한 이와 같도다.

시방의 중생들이
각각 허공의 모양을 취하듯이
모든 부처님도 또한 이와 같아서
세간에서 허망하게 분별하도다.

그때에 역림 보살이 부처님의 위신
력을 받들어 시방을 널리 살펴보고
게송을 설하여 말씀하였다.

일체 중생 세계는
다 삼세 가운데 있고
삼세의 모든 중생들은
모두 오온 가운데 머무르도다.

모든 온은 업이 근본이고
모든 업은 마음이 근본이며
마음 법은 마치 환과 같으니

세간도 또한 이와 같도다.

세간은 스스로 지은 것이 아니고
또한 다시 다른 이가 지은 것도 아니나
그것은 이루어짐이 있으며
또한 다시 무너짐도 있도다.

세간이 비록 이루어짐이 있으며
세간이 비록 무너짐도 있으나
세간을 분명히 통달한 자는
이 둘을 마땅히 말하지 않도다.

어떤 것을 세간이라 하고
어떤 것이 세간이 아닌가
세간과 세간 아닌 것이
다만 이름만 다를 뿐이로다.

삼세와 오온법을
설하여 세간이라 이름하고
그것이 멸함은 세간이 아니니
이와 같이 다만 가명일 뿐이로다.

무엇을 모든 온이라 말하며
모든 온은 무슨 성품이 있는가

온의 성품은 소멸할 수 없으니
이런 까닭에 남이 없다고 설하도다.

이 모든 온을 분별하면
그 성품이 본래 공적하고
공적하므로 소멸할 수 없으니
이것이 남이 없는 이치로다.

중생이 이미 이와 같으면
모든 부처님도 또한 다시 그러하니
부처님과 모든 부처님의 법이
자성이 있는 바가 없도다.

능히 이 모든 법이
여실하여 전도되지 않음을 알면
일체 알고 보는 사람이
항상 그 앞에 있음을 보리라.

그때에 행림 보살이 부처님의 위신
력을 받들어 시방을 널리 살펴보고
게송을 설하여 말씀하였다.

마치 시방세계에
일체 모든 지대의 종성이
자성이 있는 것 아니나

두루하지 않은 곳 없듯이

부처님 몸도 또한 이와 같으셔서
모든 세계에 널리 두루하시나
갖가지 모든 색상이
머무름도 없고 온 곳도 없도다.

다만 모든 업 때문에
설하여 중생이라 이름하나
또한 중생을 여의고
업을 얻을 수 없도다.

업의 성품이 본래 공적하나
중생들이 의지한 바이며
온갖 색상을 널리 지으나
또한 다시 온 곳이 없도다.

이와 같은 모든 색상과
업력이 사의하기 어려우니
그 근본을 분명히 통달하면
그 가운데 볼 것도 없도다.

부처님 몸도 또한 이와 같으셔서
사의할 수 없으니

갖가지 모든 색상으로
널리 시방세계에 나타나시도다.

몸도 또한 부처가 아니며
부처도 또한 몸이 아니니
다만 법으로 몸을 삼아
일체 법을 통달하도다.

만약 능히 부처님 몸이
청정하시어 법의 성품과 같음을 보면
이 사람은 부처님 법에
일체 의혹이 없으리라.

만약 일체 법이
본성이 열반과 같음을 보면
이것은 곧 여래께서
구경에 머무르시는 바가 없음을 봄이로다.

만약 바른 생각을 닦아 익혀서
정각을 밝게 보아
모양도 없고 분별도 없으면
이 이름이 법왕자로다.

그때에 각림 보살이 부처님의 위신
력을 받들어 시방을 두루 살펴보고

게송을 설하여 말씀하였다.

마치 그림 그리는 화가가
여러 가지 채색을 하며
허망하게 다른 모양을 취하나
대종은 차별이 없음과 같도다.

대종 가운데 색이 없고
색 가운데 대종도 없으나
또한 대종을 떠나서
색을 얻을 수도 없도다.

마음 속에 그림이 없고
그림 속에 마음이 없으나
그러나 마음을 떠나서
그림을 얻을 수도 없도다.

그 마음은 항상 머무르지 않고
한량없고 사의하기 어려워
일체 색을 나타내 보이지만
각각 서로 알지 못하도다.

마치 그림 그리는 화가가
자기의 마음을 능히 알지 못하지만

마음으로 말미암아 그리는 것과 같이
모든 법의 성품도 이와 같도다.

마음은 화가와 같아서
능히 모든 세간을 그려내니
오온이 모두 마음 따라 생겨남이라
법마다 짓지 못함이 없도다.

마음과 같이 부처도 또한 그러하며
부처와 같이 중생도 그러하니
마땅히 알라, 부처와 마음이
체성이 모두 다함이 없도다.

만약 어떤 사람이 마음작용이
모든 세간을 널리 짓는 줄 알면
이 사람은 곧 부처님을 친견하여
부처님의 진실한 성품을 알리라.

마음이 몸에 머무르지 않고
몸도 또한 마음에 머무르지 않으나
능히 불사를 지으니
자재함이 미증유로다.

만약 어떤 사람이
삼세의 일체 부처님을 분명히 알고자 하면

마땅히 법계의 성품을 관하라
일체가 오직 마음이 만든 것이로다.

그때에 지림 보살이 부처님의 위신
력을 받들어 시방을 널리 살펴보고
게송을 설하여 말씀하였다.

취하려는 것을 취할 수 없고
보려는 것을 볼 수 없으며
들으려는 것을 들을 수 없으니
한마음이라 부사의하도다.

한량있음과 한량없음을
둘 다 취할 수 없으니
혹 어떤 사람이 취하려 해도
끝까지 얻지 못하리라.

말하지 못할 것을 말하는 것이
이것은 스스로 속이는 것이니
자기 일을 성취하지 못하면
대중들을 환희케 하지도 못하도다.

어떤 이가 여래의
가없는 묘한 색신을 찬탄하려고 하면

수없는 겁을 다하여도
능히 다 말하지 못하리라.

마치 뜻을 따르는 구슬이
능히 일체 색을 나타내되
색이 없으나 색을 나타내듯이
모든 부처님께서도 이와 같으시도다.

또 마치 청정한 허공이
색이 아니어서 볼 수 없으며
비록 일체 색을 나타내지만
허공을 볼 수 없는 것과 같도다.

모든 부처님께서도 이와 같으셔서
한량없는 색을 널리 나타내시나
마음이 행할 곳이 아니라
일체가 능히 보지 못하도다.

비록 여래의 음성을 들으나
음성이 여래가 아니며
또한 음성을 여의고
정등각을 알 수도 없도다.

보리는 오고 감이 없어
일체 분별을 떠난 것인데

어떻게 이 가운데서
능히 본다고 스스로 말하리오.

모든 부처님은 법이 없으시니
부처님께서 어찌 설하심이 있으리오
다만 그 자기 마음을 따라서
이와 같은 법을 설한다고 하도다.

대방광불화엄경

제 19 권

21. 십행품 [1]

_____ 은(는) 『대방광불화엄경』을
사경하는 인연공덕으로
『화엄경』이 널리 유통되고
우리 모두 다함께 보리 이루기를 발원하옵니다.

대방광불화엄경
제19권

21. 십행품 [1]

그때에 공덕림 보살이 부처님의 위신력을 받들어 보살의 선사유삼매에 들었다.

이 삼매에 들고 나니, 시방으로 각각 일만 부처님 세계 미진수의 세계

밖을 지나서 일만 부처님 세계 미진
수의 모든 부처님이 계시는데 다 명
호가 공덕림이시며, 그 앞에 나타나
시어 공덕림 보살에게 말씀하셨다.

"훌륭하도다. 불자여, 능히 이 선
사유삼매에 들었도다.

선남자여, 이것은 시방으로 각각
일만 부처님 세계 미진수의, 명호가
같은 모든 부처님께서 함께 그대에
게 가피하심이며 또한 비로자나여래
의 지난 옛적 원력과 위신력과 그리

고 모든 보살들의 온갖 선근력으로 그대로 하여금 이 삼매에 들어서 법을 연설하게 하심이다.

부처님의 지혜를 자라게 하는 까닭이며, 법계에 깊이 들어가게 하는 까닭이며, 중생 세계를 분명히 알게 하는 까닭이며, 들어가는 것이 걸림이 없게 하는 까닭이며, 행하는 것이 장애가 없게 하는 까닭이며, 한량없는 방편을 얻게 하는 까닭이며, 일체 지혜의 성품을 거두어들이게 하는 까닭이며, 일체 모든 법을 깨닫게 하는 까닭이며, 일체 모든 근성을 알게 하는 까닭이며, 일체 법을 능히 지녀서 말하게 하기 위한 까닭이다.

이른바 모든 보살의 열 가지 행을 일으키는 것이다.

선남자여, 그대는 마땅히 부처님의 위신력을 받들어 이 법을 연설할지니라."

이때에 모든 부처님께서 곧 공덕림 보살에게 걸림 없는 지혜와, 집착 없는 지혜와, 끊어짐 없는 지혜와, 스승 없는 지혜와, 어리석음 없는 지혜와, 다름없는 지혜와, 허물없는 지혜와, 한량없는 지혜와, 이길 이 없는 지혜와, 게으름 없는 지혜와, 빼앗김 없는 지혜를 주셨다.

무슨 까닭인가?

이 삼매의 힘은 법이 이와 같은 까닭이다.

이때에 모든 부처님께서 각각 오른손을 펴시어 공덕림 보살의 정수리를 만지셨다.

그때에 공덕림 보살이 곧 정으로부터 일어나서 모든 보살들에게 말씀하였다.

"불자들이여, 보살의 행은 불가사의하여 법계 허공계와 더불어 같다. 무슨 까닭인가?

보살마하살은 삼세의 모든 부처님께 배워서 수행하는 까닭이다.

불자들이여, 어떤 것이 보살마하살의 행인가?

불자들이여, 보살마하살이 열 가

지 행이 있으니, 삼세의 모든 부처님께서 말씀하시는 것이다.

무엇이 열인가?

첫째는 환희행이고, 둘째는 요익행이고, 셋째는 무위역행이고, 넷째는 무굴요행이고, 다섯째는 무치란행이고, 여섯째는 선현행이고, 일곱째는 무착행이고, 여덟째는 난득행이고, 아홉째는 선법행이고, 열째는 진실행이다.

이것이 열이다.

불자들이여, 어떤 것이 보살마하살의 환희행인가?

불자들이여, 이 보살이 큰 시주가 되어 가진 물건을 모두 능히 보시하되, 그 마음이 평등하여 후회하거나 아까워함이 없으며, 과보를 바라지 아니하며, 이름을 구하지 아니하며, 이양을 탐하지도 아니한다.

오직 일체 중생을 구호하며, 일체 중생을 거두어 주며, 일체 중생을 요익케 하기 위함이다.

　모든 부처님의 본래 닦으신 행을 학습하며, 모든 부처님의 본래 닦으신 행을 생각하며, 모든 부처님의 본래 닦으신 행을 좋아하며, 모든 부처님의 본래 닦으신 행을 청정히 하며, 모든 부처님의 본래 닦으신 행을 증장하며, 모든 부처님의 본래 닦으신 행에 머물러 지니며, 모든 부처님의 본래 닦으신 행을 나타내며, 모든 부처님의 본래 닦으신 행을 연설하여, 모든 중생들로 하여금 괴로움을 여의고 즐거움을 얻게 하기 위함이다.

불자들이여, 보살마하살이 이 행을 닦을 때에 일체 중생으로 하여금 환희하고 즐겁게 한다.

모든 국토에 몹시 가난한 곳이 있음을 따라 원력으로써 그곳의 호사스럽고 크게 부귀하여 재물과 보배가 다함이 없는 집에 왕생한다.

가령 생각생각에 한량없고 수없는 중생들이 있어 보살의 처소에 나아가 말씀드리기를 '어지신이여, 우리

들이 몹시 가난하여 살림살이가 넉넉하지 못하니 굶주리고 힘이 들어 목숨을 부지할 수 없습니다.

오직 원하오니, 자애로 우리에게 몸의 살을 보시하여 우리로 하여금 먹고 그 목숨을 살리게 하소서.'라고 하면, 그때에 보살이 곧 문득 보시하여 그들로 하여금 환희하여 마음이 만족하게 한다.

이와 같이 한량없는 백천 중생이 와서 구걸하더라도 보살은 그들에게 일찍이 물러서거나 겁냄이 없고, 다만 다시 자비한 마음이 증장한다.

그러므로 중생들이 모두 와서 구걸함에 보살이 그것을 보고 배나 다시 환희하여 이와 같이 생각하기를 '나는 좋은 이익을 얻었다. 이 중생들은 나의 복전이며 나의 선우이다. 구하지도 않고 청하지도 않았으나, 와서 나로 하여금 불법 가운데 들게 한다.

나는 지금 마땅히 이와 같이 배우고 닦아서 일체 중생의 마음을 어기지 아니하리라.'고 한다.

또 이 생각을 하기를 '원하오니, 나는 이미 지었거나 지금 짓거나 장차 지을 모든 선근으로, 나로 하여금 미래에 일체 세계의 일체 중생 가운데서 넓고 큰 몸을 받아서, 이 몸의 살로써 일체 굶주려 고통스런 중생들을 충족케 하되, 내지 만약 한 조그만 중생까지라도 배부르고 만족함을 얻지 못함이 있으면 목숨을 버리지 아니하고, 베어내는 몸의 살도 또한 다하지 말아지이다.

이 선근으로 아뇩다라삼먁삼보
리를 얻고 대열반을 증득하기를 원
한다.

나의 살을 먹은 모든 중생들도 또
한 아뇩다라삼먁삼보리를 얻고 평등
한 지혜를 얻어서, 모든 불법을 갖추
어 널리 불사를 지으며 내지 무여열
반에 들기를 원한다.

만약 한 중생이라도 마음이 만족
하지 않는다면, 나는 마침내 아뇩다
라삼먁삼보리를 증득하지 아니하리
라.'고 한다.

보살이 이와 같이 중생을 이익케 하되 '나'라는 생각과, 중생이라는 생각과, 있다는 생각과, 목숨이라는 생각과, 갖가지라는 생각과, 보가라라는 생각과, 사람이라는 생각과, 마남파라는 생각과, 짓는 자라는 생각과, 받는 자라는 생각이 없다.

다만 법계와 중생계의 끝없는 법과, 공한 법과, 있는 바가 없는 법과, 형상 없는 법과, 체가 없는 법과, 처소가 없는 법과, 의지가 없는 법과, 지음이 없는 법을 관찰한다.

이 관찰을 할 때에 자신도 보지 않으며, 보시하는 물건도 보지 않으며, 받는 자도 보지 않으며, 복전도 보지 않으며, 업도 보지 않으며, 업보도 보지 않으며, 과보도 보지 않으며, 큰 결과도 보지 않으며, 작은 결과도 보지 않는다.

그때에 보살이 과거와 미래와 현재의 일체 중생의 받은 몸이 곧 무너져 없어지는 것을 보고 문득 이 생각을 하기를 '기이하다, 중생들이여. 어리석고 지혜가 없어서 나고 죽는 속에서 수없는 몸을 받되, 위태하고 연약하여 머물러 있지 못하고 속히 무너져 없어짐으로 돌아간다. 혹 이미 무너져 없어졌거나, 지금 무너져 없어지거나, 장차 무너져 없어질 것이다. 능히 견고하지 못한 몸으로써 견고한 몸을 구하지 못한다.

내가 마땅히 모든 부처님께서 배우신 것을 다 배워서 일체 지혜를 증득하며 일체 법을 알아서, 모든 중생들을 위하여 삼세에 평등하고 적정함

을 수순하는 무너지지 않는 법성을
설하여, 그들로 하여금 길이 안온한
쾌락을 얻게 하리라.'고 한다.

불자들이여, 이것이 이름이 보살마
하살의 첫째 환희행이다.

불자들이여, 어떤 것이 보살마하살의 요익행인가?

이 보살이 깨끗한 계를 보호하여 지녀서, 색과 소리와 냄새와 맛과 촉감에 대하여 마음이 집착하는 것이 없고, 또한 중생들을 위하여 이와 같이 설한다.

위세를 구하지 아니하며, 종족을 구하지 아니하며, 부귀를 구하지 아니하며, 색상을 구하지 아니하며, 왕위를 구하지도 아니한다. 이와 같은 일체에 다 집착하는 바가 없다.

다만 청정한 계를 견고하게 지니면
서 이와같이 생각하기를 '내가 청정
한 계를 지녀서 반드시 마땅히 일체
얽힘과 속박과 탐내어 구함과 뜨거
운 번뇌와 모든 재난과 핍박과 훼방
과 어지러이 혼탁함을 버리고 여의
어, 부처님께서 칭찬하시는 평등한
정법을 얻으리라.'고 한다.

불자들이여, 보살이 이와 같이 청
정한 계를 지닐 때, 하루 동안에 가

령 수없는 백천억 나유타의 모든 큰 악마가 보살의 처소에 이르되, 낱낱이 각각 한량없고 수없는 백천억 나유타의 천녀를 거느렸는데, 다 오욕에 방편을 잘 행하며 단정하고 아름다워 사람의 마음을 미혹하게 하며, 갖가지 진귀한 완구를 가지고 와서, 보살의 도의 뜻을 미혹하고 어지럽게 하고자 한다.

그때에 보살이 이와 같이 생각하기를 '이 오욕은 도를 장애하는 법이며, 내지 위없는 보리까지도 장애하

는 것이다.'라고 한다. 그러므로 잠
깐도 탐욕의 생각을 내지 아니하여
마음이 깨끗하기가 부처님과 같다.

오직 방편으로 중생을 교화하되 일
체 지혜의 마음을 버리지 않는 것은
제외한다.

불자들이여, 보살은 탐욕의 인연
때문으로는 한 중생도 괴롭게 하지
아니하니, 차라리 신명을 버릴지언
정 끝내 중생을 괴롭게 하는 일을 하
지 아니한다. 보살이 부처님을 친견

한 이래로 일찍이 마음에 잠깐도 탐욕의 생각을 내지 아니하였는데, 어찌 하물며 종사하리오. 만약 혹 종사한다면 옳지 않다.

그때에 보살은 다만 이 생각을 하기를 '일체 중생이 오랜 세월에 오욕을 생각하며, 오욕으로 향하여 나아가며, 오욕을 탐착하면서, 그 마음에 결정하여 즐겨 물들고 빠져서 그를 따라 유전하고 자재함을 얻지 못하는 것이다.

내가 이제 마땅히 이 모든 마군들

과 모든 천녀들과 일체 중생으로 하여금 위없는 계에 머무르고, 청정한 계에 머물러서는 일체지에 마음이 퇴전함이 없어서 아뇩다라삼먁삼보리를 얻으며 내지 무여열반에 들게 할 것이다.

무슨 까닭인가?

이것은 우리가 마땅히 지어야 할 업이다. 마땅히 모든 부처님을 따라서 이와 같이 수학해야 할 것이다.'라고 한다.

이렇게 배우고는 모든 나쁜 행동과 '나'라고 헤아리는 무지를 여의고, 지혜로 일체 부처님 법에 들어가서 중생들을 위해 설하여 전도를 버리게 한다.

그러나 중생을 떠나서 전도가 있지 않고 전도를 떠나서 중생이 있지 않으며, 전도 속에 중생이 있지 않고 중생 속에 전도가 있지 않다. 또한 전도가 중생도 아니고 또한 중생이 전도도 아니다. 전도가 안의 법도 아니고 전도가 밖의 법도 아니며, 중생이 안의 법도 아니고 중생이 밖의 법도 아님을 안다.

일체 모든 법이 허망하고 진실하지 못하여 속히 일어나고 속히 없어져서 견고하지 않음이, 꿈 같고 그림자 같으며 환 같고 변화함과 같아서 어리석은 이를 속여 미혹하게 하는 것이다.

이와 같이 아는 자는 곧 일체 모든 행을 능히 깨달아 생사와 열반을 통달하여 부처님의 보리를 증득한다.

스스로 득도하고 다른 이도 득도하

게 하며, 스스로 해탈하고 다른 이도 해탈하게 하며, 스스로 조복하고 다른 이도 조복하게 하며, 스스로 적정하고 다른 이도 적정하게 한다.

스스로 안온하고 다른 이도 안온하게 하며, 스스로 때를 여의고 다른 이도 때를 여의게 하며, 스스로 청정하고 다른 이도 청정하게 한다.

스스로 열반하고 다른 이도 열반하게 하며, 스스로 쾌락하고 다른 이도 쾌락하게 한다.

불자들이여, 이 보살이 다시 이 생각을 하기를 '나는 마땅히 일체 여래를 따라서 일체 세간의 행을 여의며, 일체 모든 부처님 법을 갖추며, 위없는 평등한 곳에 머무르며, 중생을 평등하게 보며, 경계를 밝게 통달하며, 모든 허물을 여의며, 모든 분별을 끊으며, 모든 집착을 버리며, 공교하게 벗어나 여의리라.

마음은 항상 위없고 말함이 없고 의지함이 없고 동요가 없고 한량없고 가없고 다함없고 색상이 없는 매우 깊은 지혜에 안주하리라.'고 한다.

 불자들이여, 이것이 이름이 보살마

하살의 둘째 요익행이다.

불자들이여, 어떤 것이 보살마하살의 무위역행인가?

이 보살이 항상 인욕하는 법을 닦아 겸손하게 자기를 낮추고 공경하여, 스스로 해치지 아니하고 다른 이를 해치지 아니하며 둘 다 해치지 아니한다. 스스로 취하지 아니하고 다른 이를 취하게 하지 아니하며 둘 다 취하지 아니한다.

스스로 집착하지 아니하고 다른 이를 집착하게 하지 아니하며 둘 다 집착하지 아니한다. 또한 명예와 이양도 탐하여 구하지 아니한다.

다만 이 생각을 하기를 '내가 마땅히 항상 중생들을 위하여 법을 설하여 일체 악을 여의고, 탐욕과 성냄과 어리석음과 교만과 덮어 감춤과 간탐과 질투와 아첨과 속임을 끊게 하여, 항상 인욕과 부드럽고 온화함에 안주하게 하리라.'고 한다.

불자들이여, 보살이 이와 같이 참는 법을 성취한다.

가령 백천억 나유타 아승지 중생
들이 그곳에 와서, 낱낱 중생이 백천
억 나유타 아승지 입을 변화하여 만
들어 낱낱 입으로 백천억 나유타 아
승지 말을 한다.

이른바 기쁘지 않은 말과, 선법이
아닌 말과, 뜻에 기쁘지 않은 말과,
사랑할 수 없는 말과, 어질지 못한
말과, 성인의 지혜가 아닌 말과, 성인
과 맞지 않는 말과, 성인에게 친근할
수 없는 말과, 매우 싫은 말과, 차마
들을 수 없는 말이다. 이러한 말로

보살을 헐뜯고 욕한다.

또 이 중생들이 낱낱이 각각 백천억 나유타 아승지 손을 가졌고, 낱낱 손에 각각 백천억 나유타 아승지 병장기를 들고 보살을 핍박하고 해친다. 이와 같이 아승지겁이 지나도록 일찍이 휴식함이 없다.

보살이 이 극심한 큰 고초를 당하여 몸의 털이 다 곤두서고 생명이 장차 끊어지려고 하더라도 이렇게 생각하여 말한다.

'내가 이 고통으로 인하여 마음이

만약 흔들리면, 곧 스스로 조복하지 못하며, 스스로 수호하지 못하며, 스스로 분명히 알지 못한다.

스스로 닦아 익히지 못하며, 스스로 바르게 정하지 못하며, 스스로 적정하지 못하며, 스스로 아끼지 못하며, 스스로 집착을 내는 것이다. 어떻게 능히 다른 이로 하여금 마음이 청정함을 얻게 하겠는가.'라고 한다.

보살이 이때에 다시 이 생각을 하기를 '내가 시작도 없는 겁으로부터 생사에 머무르면서 모든 고통을 받았다.'라고 한다.

이와 같이 사유하고 거듭 스스로 권장해서 마음이 청정하여 환희를 얻게 한다.

스스로 잘 조화하고 거두어들여서 스스로 능히 불법 가운데 안주하고, 또한 중생으로 하여금 함께 이 법을 얻게 한다.

다시 사유하기를 '이 몸이 공적하여 '나'와 '내 것'이 없으며, 진실함이 없으며, 성품이 공하여 둘이 없으며, 괴로움과 즐거움이 다 있는 바가 없다.

모든 법이 공한 까닭으로 내가 마땅히 이해하고 알아서, 널리 다른 사람을 위해 말하여 모든 중생들로 하여금 이 소견을 없애게 할 것이다. 그러므로 내가 지금 비록 고초를 당해도 마땅히 참고 견디어야 한다.

중생을 자애로 염려하는 까닭이며, 중생을 요익케 하는 까닭이며, 중생

을 안락케 하는 까닭이며, 중생을
가엾게 여기는 까닭이다.

중생을 섭수하는 까닭이며, 중생
을 버리지 않는 까닭이며, 스스로 깨
달음을 얻는 까닭이며, 다른 이를 깨
닫게 하려는 까닭이며, 마음이 퇴전
하지 않는 까닭이며, 부처님 도를
향하여 나아가기 위한 까닭이다.'
라고 한다.

이것이 이름이 보살마하살의 셋째
무위역행이다.

불자들이여, 어떤 것이 보살마하살의 무굴요행인가?

이 보살이 모든 정진을 닦는다. 이른바 제일 정진과, 큰 정진과, 수승한 정진과, 특히 수승한 정진과, 가장 수승한 정진과, 가장 묘한 정진과, 높은 정진과, 위없는 정진과, 같음이 없는 정진과, 널리 두루한 정진이다.

성품에 삼독이 없으며, 성품에 교

만이 없으며, 성품에 덮어 숨김이 없으며, 성품에 간탐과 질투가 없으며, 성품에 아첨과 속임이 없으며, 성품이 스스로 부끄러워한다. 마침내 한 중생이라도 괴롭게 하려는 까닭으로 정진을 행하지 아니한다.

오직 일체 번뇌를 끊기 위한 까닭으로 정진을 행하며, 오직 일체 미혹의 근본을 뽑기 위한 까닭으로 정진을 행하며, 오직 일체 습기를 없애기 위한 까닭으로 정진을 행한다.

오직 일체 중생의 세계를 알기 위
한 까닭으로 정진을 행하며, 오직 일
체 중생이 여기서 죽어 저기에서 태
어나는 것을 알기 위한 까닭으로 정
진을 행하며, 오직 일체 중생의 번뇌
를 알기 위한 까닭으로 정진을 행한
다.

오직 일체 중생의 마음에 즐겨함을
알기 위한 까닭으로 정진을 행하며,
오직 일체 중생의 경계를 알기 위한
까닭으로 정진을 행하며, 오직 일체
중생의 모든 근이 수승하고 하열함

을 알기 위한 까닭으로 정진을 행한
다.

오직 일체 중생의 마음이 행함을
알기 위한 까닭으로 정진을 행하며,
오직 일체 법계를 알기 위한 까닭으
로 정진을 행하며, 오직 일체 불법의
근본 성품을 알기 위한 까닭으로 정
진을 행한다.

오직 일체 불법의 평등한 성품을
알기 위한 까닭으로 정진을 행하며,
오직 삼세의 평등한 성품을 알기 위
한 까닭으로 정진을 행하며, 오직 일

체 불법의 지혜 광명을 얻기 위한 까
닭으로 정진을 행한다.

오직 일체 불법의 지혜를 증득하기
위한 까닭으로 정진을 행하며, 오직
일체 불법의 한 실상을 알기 위한 까
닭으로 정진을 행한다.

오직 일체 불법의 끝없음을 알기
위한 까닭으로 정진을 행하며, 오직
일체 불법의 넓고 크며 결정하고 공
교한 지혜를 얻기 위한 까닭으로 정
진을 행한다.

오직 일체 불법의 구절과 뜻을 분

별하여 연설하는 지혜를 얻기 위한 까닭으로 정진을 행하는 것이다.

불자들이여, 보살마하살이 이러한 정진행을 성취하고는, 가령 어떤 사람이 말하기를 '그대가 능히 수없는 세계에 있는 중생들을 위하여, 낱낱 중생 때문에 아비지옥에서 수없는 겁을 지내도록 온갖 고통을 모두 받으면서, 저 중생들로 하여금 낱낱이 수없는 모든 부처님께서 세상에 출현하심을 만나게 하고, 부처님을 친견한 까닭으로 온갖 즐거움을 갖추어 받으며 내지 무여열반에 들게 하고서야, 그대가 마땅히 아뇩다라삼먁삼보리를 이룰 것이니, 그렇게 할 수 있겠는가?' 하면, '내가 능히 그렇게 하겠노라.'고 대답하리라.

가령 다시 어떤 사람이 이와 같이 말하기를 '한량없는 아승지 큰 바다가 있는데 그대가 마땅히 한 털끝으로 찍어내어 다하게 하며, 한량없는 아승지 세계가 있는데 다 부수어 티끌을 만든다.

그 물방울과 티끌을 낱낱이 세어 그 수효를 모두 알고, 중생들을 위하는 까닭으로 그렇게 많은 겁을 지내도록 생각생각에 고통받음을 끊임없이 하라.'고 하더라도, 보살이 이 말을 들은 까닭으로 잠깐이라도 후회하는 마음을 내지 아니한다.

오직 다시 더욱 환희 용약하여 깊이 스스로 기쁘고 다행하게 생각하되 '크고 좋은 이익을 얻었다. 나의 힘으로써 저 중생들로 하여금 모든 고통에서 길이 벗어나게 하리라.'고

한다.

　보살이 이렇게 행하는 방편으로 일
체 세계의 일체 중생으로 하여금 이
에 구경의 무여열반에 이르게 한다.
　이것이 이름이 보살마하살의 넷째
무굴요행이다.

불자들이여, 어떤 것이 보살마하살의 이치란행인가?

이 보살이 바른 생각을 성취하여 마음이 산란하지 않고, 견고하여 흔들리지 않으며, 가장 높고 청정하며, 넓고 크고 한량없으며, 미혹함이 없다.

이 바른 생각으로 세간의 일체 언어를 잘 이해하고, 출세간의 모든 법의 말을 능히 지닌다.

이른바 색법과 색이 아닌 법의 말을 능히 지니며, 색의 자성을 건립하는 말을 능히 지니며, 내지 수·상·행·식의 자성을 건립하는 말을 능히 지니어, 마음이 어리석거나 산란함이 없다.

세간 가운데 여기서 죽고 저기에서 태어남에 마음이 어리석거나 산란함이 없으며, 태에 들고 태에서 나옴에 마음이 어리석거나 산란함이 없으며, 보리의 뜻을 냄에 마음이 어리석거나 산란함이 없으며, 선지식을

섬김에 마음이 어리석거나 산란함이 없다.

불법을 부지런히 닦음에 마음이 어리석거나 산란함이 없으며, 마군의 일을 앎에 마음이 어리석거나 산란함이 없으며, 모든 마군의 업을 여읨에 마음이 어리석거나 산란함이 없으며, 말할 수 없는 겁 동안 보살행을 닦음에 마음이 어리석거나 산란함이 없다.

이 보살이 이와 같이 한량없는 바

른 생각을 성취하고는, 한량없는 아
승지겁 동안 모든 부처님과 보살과
선지식 처소에서 바른 법을 듣는다.

이른바 매우 깊은 법과, 넓고 큰 법
과, 장엄한 법과, 갖가지 장엄한 법
과, 갖가지 단어·문구·글자들을 연
설하는 법이다.

보살의 장엄하는 법과, 부처님의
위신력과 광명의 위없는 법과, 바른
희망으로 결정한 이해인 청정한 법이
다.

일체 세간에 집착하지 않는 법과,

일체 세간을 분별하는 법과, 매우 넓고 큰 법과, 어리석음을 여의어 일체 중생을 비추는 법이다.

일체 세간이 함께하는 법과 함께하지 않는 법과, 보살 지혜의 위없는 법과, 일체지의 자재한 법이다.

보살이 이와 같은 법을 듣고는 아승지겁을 지내도록 잊어버리지 않고, 잃어버리지 않고, 마음에 항상 기억하여 끊어짐이 없다.

무슨 까닭인가? 보살마하살이 한

량없는 겁 동안 모든 행을 닦을 때에 마침내 한 중생이라도 괴롭고 어지럽게 해서 바른 생각을 잃어버리게 하지 아니하며, 바른 법을 파괴하지 아니하며, 선근을 끊지 아니하여 마음에 항상 넓고 큰 지혜를 증장하게 하는 까닭이다.

다시 또 이 보살마하살은 갖가지 음성이 능히 미혹하고 산란하게 하지 못한다.

이른바 높고 큰 음성과, 거칠고 탁

한 음성과, 지극히 사람을 두렵게 하는 음성과, 뜻에 기쁜 음성과, 뜻에 기쁘지 않은 음성과, 이식을 시끄럽게 하는 음성과, 육근을 망가뜨리는 음성이다.

이 보살은 이와 같이 한량없고 수없는 좋고 싫은 음성을 듣되, 가령 아승지 세계에 가득하더라도 일찍이 잠깐 동안이라도 마음이 산란하지 아니한다.

이른바 바른 생각이 산란하지 않

고, 경계가 산란하지 않고, 삼매가 산란하지 않고, 매우 깊은 법에 들어감이 산란하지 않고, 보리행을 행함이 산란하지 않고, 보리심을 내는 것이 산란하지 않고, 모든 부처님을 기억함이 산란하지 않고, 진실한 법을 관찰함이 산란하지 않고, 중생을 교화하는 지혜가 산란하지 않고, 중생을 청정하게 하는 지혜가 산란하지 않고, 매우 깊은 이치를 결정적으로 아는 것이 산란하지 아니한다.

악업을 짓지 아니하므로 악업의 장애가 없으며, 번뇌를 일으키지 아니하므로 번뇌의 장애가 없으며, 법을 가벼이 여기지 아니하므로 법의 장애가 없으며, 정법을 비방하지 아니하므로 과보의 장애가 없다.

불자들이여, 위에 말한 바와 같이 이러한 음성들이 낱낱이 아승지 세계에 가득하여 한량없고 수없는 겁에 일찍이 끊어지지 아니하여 중생의 몸과 마음의 일체 모든 근을 모두 능히 무너뜨리더라도 이 보살의 마음은 능히 무너뜨리지 못한다.

보살이 삼매에 들어 성인의 법에 머무르고 일체 음성을 사유하고 관찰하여 음성의 생겨나고 머무르고 소멸하는 모양을 잘 알며, 음성의 생겨나고 머무르고 소멸하는 성품을 잘 안다.

이와 같이 듣고는 탐함을 내지 아니하며, 성을 내지 아니하며, 생각을 잃지 아니하며, 그 모양을 잘 취하되

염착하지 아니한다.

일체 음성이 다 있는 바가 없어서 실로 얻을 수 없으며, 짓는 이도 없고 또한 근본의 경계도 없어서 법계와 더불어 평등하여 차별이 없음을 안다.

보살이 이와 같이 적정한 몸과 말과 뜻으로 하는 행을 성취함에 일체지에 이르러 영원히 퇴전치 아니하고, 일체 모든 선정의 문에 잘 들어가서 모든 삼매가 동일한 체성임을 안다.

일체 법이 끝이 없음을 알며, 일체 법의 진실한 지혜를 얻으며, 음성을 여읜 매우 깊은 삼매를 얻으며, 아승지의 모든 삼매문을 얻어서 한량없이 넓은 대비심을 더욱 자라게 한다.

이때에 보살이 잠깐 동안에 수없는 백천 삼매를 얻어서, 이와 같은 음성을 들어도 마음이 미혹하거나 산란하지 않고 그 삼매로 하여금 점점 더욱 더 넓게 한다.

이와 같은 생각을 하기를 '내가 마

땅히 일체 중생으로 하여금 위없는 청정한 생각에 안주하여 일체지에서 퇴전치 아니하고 구경에 무여열반을 성취케 하리라.'고 한다.

이것이 이름이 보살마하살의 다섯째 이치란행이다.

불자들이여, 어떤 것이 보살마하살의 선현행인가?

이 보살이 몸으로 짓는 업이 청정하며, 말로 짓는 업이 청정하며, 뜻으로 짓는 업이 청정하여, 얻을 것 없는 데 머물러서 얻을 것 없는 몸과 말과 뜻의 업을 보인다.

삼업이 다 있는 바가 없어서 허망함이 없음을 아는 까닭으로 얽매임이 없으며, 무릇 나타내 보이는 것이 성품도 없고 의지함도 없었다.

실제와 같은 마음에 머물러 한량 없는 마음의 자성을 알며, 일체 법의 자성을 알지만 얻은 것도 없고 형상도 없어서 매우 깊어 들어가기 어려우며, 바른 자리인 진여의 법성에 머물러 방편으로 출생하지만 업보가 없어서 나지도 않고 멸하지도 아니한다.

열반의 경계에 머무르고 적정한 성품에 머무르고 진실하여 성품이 없는 성품에 머무르며, 언어의 길이 끊어지고 모든 세간을 초월하여 의지

하는 곳이 없으며, 분별을 여의어 속박이 없는 법에 들어갔다.

가장 수승한 지혜의 진실한 법에 들어갔으며, 모든 세간으로는 능히 알 수 없는 출세간법에 들어갔다.

이것이 보살의 교묘한 방편으로 시현하여 내는 모습이다.

불자들이여, 이 보살이 이와 같은 생각을 하기를 '일체 중생이 성품 없음으로 성품을 삼고, 일체 모든 법이 함이 없음으로 성품을 삼고,

일체 국토가 형상 없음으로 형상을 삼았다.

일체 삼세가 오직 말뿐이니, 일체 언설이 모든 법 가운데 의지할 곳이 없고, 일체 모든 법이 언설 가운데 또한 의지할 곳이 없다.'라고 한다.

보살이 이와 같이 일체 법이 모두 다 매우 깊으며, 일체 세간이 모두 다 적정하며, 일체 불법이 더욱 더하는 바가 없으며, 불법이 세간법과 다르지 않으며, 세간법이 불법과 다르지 않으며, 불법과 세간법이 섞이어 어지럽지 아니하며, 또한 차별도 없음을 안다. 법계의 체성이 평등하여 삼세에 널리 들어감을 분명히 아는 것이다.

큰 보리심을 영원히 버리지 않으며, 중생을 교화하는 마음이 항상 퇴전하지 않으며, 큰 자비심을 점점 더 증장하여 일체 중생에게 의지할 곳이 된다.

보살이 이때에 다시 이 생각을 하기를 '내가 중생을 성숙시키지 않으면 누가 마땅히 성숙시키며, 내가 중생을 조복하지 않으면 누가 마땅히 조복하며, 내가 중생을 교화하지 않으면 누가 마땅히 교화하리오.

내가 중생을 깨우치지 않으면 누가 마땅히 깨우치며, 내가 중생을 청정케 하지 않으면 누가 마땅히 청정케 하리오. 이것은 나에게 알맞는 것이고, 내가 마땅히 해야 할 일이다.'라고 한다.

  다시 이 생각을 하기를 '만약 나 자신만이 매우 깊은 법을 알면 오직 나 한 사람만이 아뇩다라삼먁삼보리에 홀로 해탈을 얻고, 모든 중생들은 캄캄하고 눈이 없어 큰 험난한 길에 들어가며, 모든 번뇌에 얽매인 바가 되어 중병에 걸린 사람처럼 항상 고통을 받으며, 탐애의 옥에 있어 능히 스스로 벗어나지 못하며, 지옥과 아귀와 축생과 염라왕 세계를 떠나지 못하여 고통을 능히 소멸하지 못하리라.

악업을 버리지 못하며, 항상 어리석음의 어두운 데 있어서 진실을 보지 못하며, 생사에 윤회하고 벗어날 수 없으며, 팔난에 머물러 온갖 때에 물들며, 갖가지 번뇌가 그 마음을 덮어 가려서 삿된 소견에 미혹한 바로 바른 도를 행하지 못하리라.'고 한다.

보살이 이와 같이 모든 중생들을 관찰하고는 이렇게 생각하여 말하기를 '만약 이 중생들이 아직 성숙되

지 못하고 아직 조복되지 못하였는
데, 버려두고 아뇩다라삼먁삼보리를
증득한다면 이것은 마땅하지 않은
것이다.

내가 마땅히 먼저 중생들을 교화
하면서 말할 수 없이 말할 수 없는
겁에 보살행을 행하되, 아직 성숙하
지 못한 자를 먼저 성숙케 하고, 아
직 조복하지 못한 자를 먼저 조복케
하리라.'고 한다.

이 보살이 이 행에 머물러 있을 때

에 모든 천신과 마군과 범천과 사문과 바라문과, 일체 세간의 건달바와 아수라들이, 만약 만나보거나 잠깐이라도 함께 머물러 있거나 공경하고 존중하고 받들어 섬기고 공양올리거나 잠깐 귀로 듣거나 마음에 한 번 스치기만 하여도, 이와 같은 일이 다 헛되지 아니하여 반드시 결정코 아뇩다라삼먁삼보리를 이룰 것이다.

이것이 이름이 보살마하살의 여섯째 선현행이다."

〈대방광불화엄경 제19권〉

아차보현수승행
무변승복개회향
보원침익제중생
속왕무량광불찰

시방삼세일체불
제존보살마하살
마하반야바라밀

我此普賢殊勝行
無邊勝福皆迴向
普願沈溺諸衆生
速往無量光佛剎

十方三世一切佛
諸尊菩薩摩訶薩
摩訶般若波羅蜜

大方廣佛華嚴經

부록

●

대방광불화엄경 목차

●

간행사

대방광불화엄경
목차

〈제1회〉

제1권   제1품   세주묘엄품 [1]

제2권   제1품   세주묘엄품 [2]

제3권   제1품   세주묘엄품 [3]

제4권   제1품   세주묘엄품 [4]

제5권   제1품   세주묘엄품 [5]

제6권   제2품   여래현상품

제7권   제3품   보현삼매품

         제4품   세계성취품

제8권   제5품   화장세계품 [1]

제9권   제5품   화장세계품 [2]

제10권   제5품   화장세계품 [3]

제11권   제6품   비로자나품

〈제2회〉

제12권   제7품   여래명호품

         제8품   사성제품

제13권   제9품   광명각품

         제10품   보살문명품

제14권   제11품   정행품

         제12품   현수품 [1]

제15권   제12품   현수품 [2]

〈제3회〉

제16권   제13품   승수미산정품

         제14품   수미정상게찬품

         제15품   십주품

제17권   제16품   범행품

         제17품   초발심공덕품

제18권   제18품   명법품

〈제4회〉

__제19권__　제19품　승야마천궁품

　　　　　제20품　야마궁중게찬품

　　　　　제21품　십행품 [1]

__제20권__　제21품　십행품 [2]

__제21권__　제22품　십무진장품

〈제5회〉

__제22권__　제23품　승도솔천궁품

__제23권__　제24품　도솔궁중게찬품

　　　　　제25품　십회향품 [1]

__제24권__　제25품　십회향품 [2]

__제25권__　제25품　십회향품 [3]

__제26권__　제25품　십회향품 [4]

__제27권__　제25품　십회향품 [5]

__제28권__　제25품　십회향품 [6]

__제29권__　제25품　십회향품 [7]

__제30권__　제25품　십회향품 [8]

__제31권__　제25품　십회향품 [9]

__제32권__　제25품　십회향품 [10]

__제33권__　제25품　십회향품 [11]

〈제6회〉

__제34권__　제26품　십지품 [1]

__제35권__　제26품　십지품 [2]

__제36권__　제26품　십지품 [3]

__제37권__　제26품　십지품 [4]

__제38권__　제26품　십지품 [5]

__제39권__　제26품　십지품 [6]

〈제7회〉

__제40권__　제27품　십정품 [1]

__제41권__　제27품　십정품 [2]

__제42권__　제27품　십정품 [3]

__제43권__　제27품　십정품 [4]

__제44권__　제28품　십통품

　　　　　제29품　십인품

__제45권__　제30품　아승지품

　　　　　제31품　수량품

　　　　　제32품　제보살주처품

__제46권__　제33품　불부사의법품 [1]

__제47권__　제33품　불부사의법품 [2]

제48권 제34품 여래십신상해품

　　　　제35품 여래수호광명공덕품

제49권 제36품 보현행품

제50권 제37품 여래출현품 [1]

제51권 제37품 여래출현품 [2]

제52권 제37품 여래출현품 [3]

〈제8회〉

제53권 제38품 이세간품 [1]

제54권 제38품 이세간품 [2]

제55권 제38품 이세간품 [3]

제56권 제38품 이세간품 [4]

제57권 제38품 이세간품 [5]

제58권 제38품 이세간품 [6]

제59권 제38품 이세간품 [7]

〈제9회〉

제60권 제39품 입법계품 [1]

제61권 제39품 입법계품 [2]

제62권 제39품 입법계품 [3]

제63권 제39품 입법계품 [4]

제64권 제39품 입법계품 [5]

제65권 제39품 입법계품 [6]

제66권 제39품 입법계품 [7]

제67권 제39품 입법계품 [8]

제68권 제39품 입법계품 [9]

제69권 제39품 입법계품 [10]

제70권 제39품 입법계품 [11]

제71권 제39품 입법계품 [12]

제72권 제39품 입법계품 [13]

제73권 제39품 입법계품 [14]

제74권 제39품 입법계품 [15]

제75권 제39품 입법계품 [16]

제76권 제39품 입법계품 [17]

제77권 제39품 입법계품 [18]

제78권 제39품 입법계품 [19]

제79권 제39품 입법계품 [20]

제80권 제39품 입법계품 [21]

간 행 사

　귀의삼보 하옵고,

　『대방광불화엄경』의 수지 독송과 유통을 발원하면서 수미정사 불전연구원에서 『독송본 한문·한글역 대방광불화엄경』과 『사경본 한글역 대방광불화엄경』을 편찬하여 간행하게 되었습니다.

　『화엄경』은 우리나라에 전래된 이래 일찍부터 사경되고 주석·강설되어 왔으며 근현대에 이르러서는 『화엄경』의 한글 번역과 연구도 부쩍 많이 이루어졌습니다. 그만큼 『화엄경』이 우리 불자님들의 신행과 해탈에 큰 의지처가 되었던 것임을 알 수 있습니다.

　『화엄경』을 독송하고 사경하는 공덕은 설법 공덕과 함께 크게 강조되어 왔습니다. 그리하여 수미정사 불전연구원에서도 『화엄경』(80권)을 독송하고 사경하는 데 도움이 되도록 한문 원문과 한글역을 함께 수록한 독송본과 한글역의 사경본 『화엄경』 간행불사를 발원하였습니다. 이 『화엄경』 간행불사에 뜻을 같이하여 적극 후원해주신 스님들과 재가 불자님들께 깊이 감사드립니다. 또한 『화엄경』을 수지 독송할 수 있도록 경책의 모습으로 장엄해 주신 편집위원들과 담앤북스 출판사 관계자들께도 고마움을 표합니다.

　끝으로 이 불사의 원만 회향으로 『화엄경』이 널리 유통되고, 온 법계에 부처님의 가피가 충만하시길 기원드립니다.

　나무 대방광불화엄경

불기 2564년 '부처님오신날'을 봉축하며
수미해주 합장

위태천신(동진보살)

수미해주 須彌海住

동국대학교 명예교수
중앙승가대학교 법인이사
대한불교조계종 수미정사 주지

사경본 한글역
대방광불화엄경 제19권

| **초판 1쇄 발행_** 2021년 10월 24일

| **엮은이_** 수미해주
| **엮은곳_** 수미정사 불전연구원
| **편집위원_** 해주 수정 경진 선초 정천 석도 박보람 최원섭
| **편집보_** 무이 무진 지욱 김지예

| **펴낸이_** 오세룡
| **펴낸곳_** 담앤북스
　　　　　서울특별시 종로구 새문안로3길 23 경희궁의 아침 4단지 805호
　　　　　대표전화 02)765-1251 전자우편 damnbooks@hanmail.net
　　　　　출판등록 제300-2011-115호
| **ISBN_** 979-11-6201-329-8 04220

이 책은 저작권 법에 따라 보호받는 저작물이므로 무단전재와 복제를 금합니다.
이 책 내용의 전부 또는 일부를 이용하려면 반드시 저작권자와 담앤북스의 서면 동의를 받아야 합니다.

정가 10,000원
ⓒ 수미해주 2021